Julia Krömer, Karsten Jesche

Übersicht über eCommerce-Geschäftsmodelle

Julia Krömer, Karsten Jesche

Übersicht über eCommerce-Geschäftsmodelle

GRIN Verlag

Bibliografische Information der Deutschen Nationalbibliothek: Die Deutsche Bibliothek
verzeichnet diese Publikation in der Deutschen Nationalbibliografie; detaillierte bibliografische Daten sind im Internet über http://dnb.d-nb.de/ abrufbar.

1. Auflage 2008
Copyright © 2008 GRIN Verlag
http://www.grin.com/
Druck und Bindung: Books on Demand GmbH, Norderstedt Germany
ISBN 978-3-638-94254-6

Übersicht über eCommerce Geschäftsmodelle

Hausarbeit

zur Erlangung der Prüfungsleistung im Fach
eCommerce
an der
Fachhochschule Hannover

Fachbereich Wirtschaft
WS 2007/2008

Eingereicht von:

Karsten Jesche   Julia Krömer

Hannover, 22. Februar 2008

Inhaltsverzeichnis

Abkürzungsverzeichnis

B-to-B	Business to Business
B-to-C	Business to Customer
CD	Compact Disc
CEO	Chief Executive Officer
DVD	Digital Video Disc
GNU GPL	GNU is not Unix General Public License
MP3	MPEG-1 Audio Layer 3

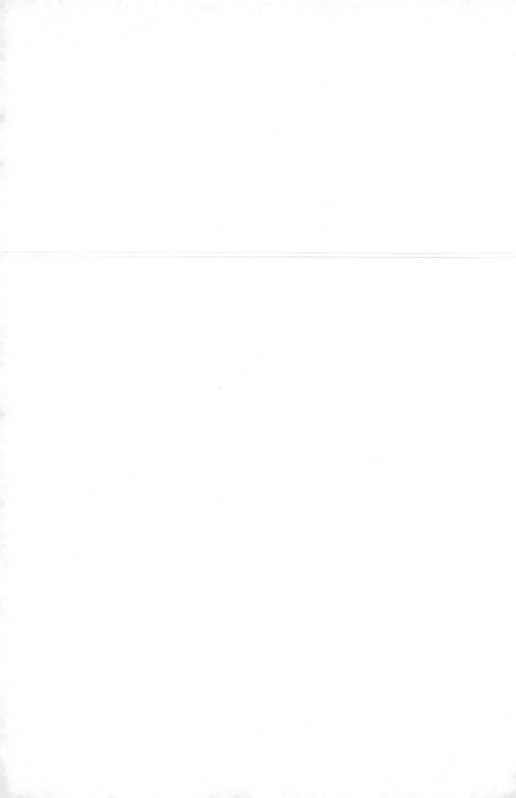

Abbildungsverzeichnis

Kurzfassung

Intention der vorliegenden Hausarbeit ist es, einen Einblick in die Geschäftsmodelle des eCommerce zu geben. Dazu werden eingangs die zentralen Begriffe Geschäftsmodell und eCommerce nach dem Verständnis der Autoren definiert und die besondere Bedeutung eines Erlösmodells als Teil des Geschäftsmodells herausgestellt. Daran anschließend werden gängige Kriterien zur Klassifikation von Geschäftsmodellen dargelegt, die Ertragsmodelle nach Birkhofer erläutert. Da aber beide Ansätze für sich allein nach Ansicht der Autoren keine hinreichenden Kriterien zur Gliederung der beobachtbaren Geschäftsmodelle im eCommerce bieten, folgt in einem weiteren Schritt die Vereinigung von Geschäfts- und Ertragsmodellen zu eigenen Geschäftsmodellen. Die neu entwickelten Geschäftsmodelle werden daraufhin näher betrachtet, ehe zwei ausführliche Beispiele abschließend einen tieferen Einblick davon vermitteln, wie die Geschäftsmodelle im Rahmen der Hausarbeit verstanden werden.

1 Einleitung

Der eCommerce hat sich in den letzten Jahren schnell und innovativ weiterent-wickelt und ist ein zentrales Thema für Unternehmen aller Größenordnungen geworden. Doch abseits der zahlreichen Online-Händler, den Vorzeigeunter-nehmen der Branche, wie Amazon und ebay, fehlt vielen Unternehmen nach wie vor ein geeignetes Geschäftsmodell, um ihr langfristiges Fortbestehen zu sichern.

Internetseiten wie StudiVZ, SecondLife oder Facebook erfreuen sich ei-nerseits zwar hoher Besucherzahlen; jedoch fehlt ihnen ein Ansatz, Umsätze zu realisieren. Trotz hoher Attraktivität für den Internetnutzer bleibt ein kommerziel-ler Erfolg aus - ein Problem, das schon aus der Hochphase der Interneteupho-rie Ende der 1990er bekannt ist. Ungeachtet der Tatsache, dass die unerfahre-nen Führungskräfte von Start-up-Unternehmen nicht einmal ein Konzept vor-weisen konnten, stellten Investoren seinerzeit angesichts des vermeintlich si-cheren Profits bereitwillig Kapital zur Verfügung und trugen unmittelbar zur Überbewertung der eigentlich unrentablen Internetunternehmen, dem Ent-stehen einer Spekulationsblase bei .[1] In Anlehnung an die zu dieser Zeit gängi-ge Auffassung vom „Internet als Geldmaschine" stellte ein Werbetext der Firma Pandesic treffend fest: „Until now, the biggest lie on the Internet hasn´t been about alien abductions. It´s been: Don´t worry, the web will make money."[2] Tref-fend formulierte dieser Text das Kernproblem der damaligen Startups: Ohne adäquates Geschäftsmodell lässt sich auch im Internet kein Geld verdienen. So verschwanden in der Folge zahlreiche Unternehmen vom Markt und ließen nur diejenigen Vertreter des eCommerce zurück, die mit einem erfolgreichen Ge-schäftsmodell aufwarten konnten.

Aktuell mangelt es auch den vielgerühmten Vertretern des sogenannten Web 2.0 an einem Konzept, um aus ihrer Popularität Kapital schlagen zu kön-nen. Trotzdem sorgten unlängst spektakuläre Aufkäufe zwar beliebter doch un-profitabler Webseiten für Furore. Angesichts der 1,65 Milliarden teuren Über-

---

[1] Vgl. o.V.: Crashes: The Dotcom Crash, http://www.investopedia.com/features/crashes/crashes8.asp, 11.02.08.

[2] Vgl. o.V.: Anzeigentext von Pandesic, Wired Nr. 2/98, S. 3.

nahme des Videoportals Youtube durch die Internetsuchmaschine Google und ähnlicher Ereignisse, werden erste Stimmen laut, die eine Rückkehr der Blase befürchten.[3]

Vor dem Hintergrund der oben aufgeführten Entwicklungen, war und ist die Frage nach dem Geschäftsmodell und insbesondere den Ertragsmodellen unmittelbar mit dem Erfolg eines eCommerce-Unternehmens verknüpft. Daher widmet sich die vorliegende Arbeit erfolgreich praktizierten Geschäftsmodellen und legt dabei ein besonderes Augenmerk auf die angewandten Ertragsmodelle.

---

[3] Vgl. Gfaller, H.: http://www.zdnet.de/itmanager/kommentare/0,39023450,39148063,00.htm, 11.02.08.

2 Abgrenzungen und Definitionen von eCommerce und Geschäftsmodell

Um im weiteren Verlauf der Ausarbeitung über Geschäftsmodelle im eCommerce diskutieren zu können, ist es notwendig, sich zunächst mit den zentralen Begrifflichkeiten auseinanderzusetzen. Beide Begriffe erfahren in der Literatur stark voneinander abweichende Auslegungen, sodass die folgenden Kapitel gängige Definitionen reflektieren und darlegen, wie die beiden Begrifflichkeiten im Kontext der Arbeit verstanden werden.

2.1 Geschäftsmodell

Intention dieses Kapitels ist es, den Begriff des Geschäftsmodells von anderen Definitionen abzugrenzen und zu zeigen, wie er im weiteren Verlauf der Arbeit verstanden wird.

Im Sinne eines abstrakten Modells zur Modellierung der Unternehmensrealität hat das Geschäftsmodell seinen Ursprung in der Informationstechnologie.[4] Mit dem Ziel, auf Grundlage des Geschäftsmodells ein unterstützendes Informationssystem im Unternehmen zu implementieren, wird das Konzept in der Informationstechnologie eingesetzt, um ein Unternehmen in seiner Gesamtheit mit allen Aktivitäten, Prozessen und Kommunikationsverbindungen abzubilden. Darüber hinaus kann auf Grundlage des Abbildes sowohl das Datenmodell als auch die Geschäftsprozesse des Unternehmens abgeleitet werden.

Heute ist das Konzept des Geschäftsmodells längst nicht mehr beschränkt auf den IT-Bereich, sondern u.a. in der Wirtschaftswissenschaft fest etabliert. Einher ging damit eine Veränderung des Verständnisses vom Geschäftsmodell im Allgemeinen. Während das Geschäftsmodell im konventionellen Sinne den Status quo einer Unternehmung abbildete, ist das Geschäftsmodell heute auch Diskussionsgrundlage für die zukünftige Ausrichtung eines Un-

---

[4] Vgl. Stähler, P.: Geschäftsmodelle in der digitalen Ökonomie, S. 38.

ternehmens. Die abstrakte Darstellung beschränkt sich nicht mehr allein darauf, Schlüsselmechanismen, Strukturen und Prozesse eines Unternehmens darzustellen. Vielmehr können neue Strategien und Konzepte erprobt und Outsourcing-Potenziale identifiziert werden.[5] In diesem Sinne ist das Geschäftsmodell ein „Plan, wie ein Unternehmen auszusehen hat, um gewisse Kundenbedürfnisse zu befriedigen."[6]

Durch die Adaption des Begriffes in Bereichen außerhalb der IT verwundert es nicht, dass Begriffsbestimmungen für das Geschäftsmodell in der Literatur zahlreich zu finden sind. Einen Auszug über die Definitionen für den Begriff Geschäftsmodell gibt es bereits in einer Veröffentlichung der Johannes Gutenberg Universität Mainz.[7] Hier werden die elementaren Gemeinsamkeiten zahlreicher Definitionen herausgearbeitet und von den weniger wichtigen Aspekten getrennt, welches die folgende Definition für das allgemeine Geschäftsmodell ergibt: „Ein Geschäftsmodell kann als eine abstrahierende Beschreibung der ordentlichen Geschäftstätigkeit einer Organisationseinheit angesehen werden. Diese Abstraktion basiert auf einer Abbildung von Organisationseinheiten, Transformationsprozessen, Transferflüssen, Einflussfaktoren sowie Hilfsmitteln oder einer Auswahl hieraus."[8]

Das allgemeine Geschäftsmodell bezieht jedoch neue Technologien, wie das Internet und seine Märkte, nicht mit ein. Da aber eCommerce auf den elektronischen Technologien basiert, ist es unverzichtbar, diesen Umstand in der Definition eines Geschäftsmodells einzubeziehen.

Es ist daher zweckmäßig, auf Ansätze zurückzugreifen, die speziell für den Bereich des eCommerce entwickelt wurden. Sowohl Wirtz als auch Stähler stützen sich in der einschlägigen Literatur auf die Definition von Timmers, der die Architektur eines Produktes oder einer Dienstleistung, den Informationsfluss und die Erlösquellen sowie Nutzen und Nutznießer als fundamentale Bestandteile eines

---

[5] Vgl. Eriksson/Penker, Business Modelling with UML, S. 7f.

[6] Stähler, P.: Geschäftsmodelle in der digitalen Ökonomie, S. 39.

[7] Scheer, C.; Deelmann, T.; Loos, P.: http://isym.bwl.uni-mainz.de/publikationen/isym013.pdf, 06.02.08.

[8] Scheer, C.; Deelmann, T.; Loos, P.: http://isym.bwl.uni-mainz.de/publikationen/isym013.pdf, S. 22, 06.02.08.

Geschäftsmodells für den elektronischen Markt beschreibt.[9] Beide Autoren ziehen ähnliche Schlüsse: Wirtz entwickelt ein Geschäftsmodell als Aggregation verschiedener Teilmodelle, Stähler hingegen konzentriert sich auf die wesentlichen Fragen, auf die ein Geschäftsmodell Antwort geben soll.[10] Indem er die Gemeinsamkeiten weiterer Definitionen herausarbeitet, fasst er „ein Geschäftsmodell als ein Geschäftskonzept, das in der Praxis schon angewandt wird" auf.[11] Es beschreibt die Value Proposition, die Architektur der Wertschöpfung und das Ertragsmodell. Vereinfacht erklärt das Geschäftsmodell somit den Nutzen, den das Unternehmen stiftet, mit welchen Ressourcen und Techniken diese Leistung erstellt wird, und schließlich wodurch Umsätze generiert werden. Insbesondere dem Ertragsmodell, das als Erlösmodell auch bei Wirtz wiederzufinden ist, kommt – wie eingangs erläutert – eine besondere Bedeutung zu. Wegen dieser Relevanz widmet sich Kapitel 3.2 den verschiedenen Erlösmodellen im Internet.

Trotz oder gerade wegen seiner Einfachheit umfasst obige Definition nach Auffassung der Autoren alle wesentlichen Aspekte eines Geschäftsmodells und findet somit im Kontext dieser Arbeit Anwendung.

2.2   eCommerce

Ebenso wie das Geschäftsmodell, wird auch der Begriff des eCommerce in der Literatur unterschiedlich interpretiert.[12] Erschwerend bei der klaren Eingrenzung des Begriffs ist, dass die Begriffe eCommerce und eBusiness synonym verwendet werden. Das folgende Kapitel bemüht sich daher um eine Unterscheidung zwischen den beiden Begriffe und eine Eingrenzung des eCommerce in den Grenzen der vorliegenden Hausarbeit.

---

[9] Vgl. Timmers, P.: Business Models for Electronic Markets, S. 3ff.

[10] Vgl Wirtz, B.: Electronic Business, S.210ff; Stähler, P.: Geschäftsmodelle in der digitalen Ökonomie, S. 38ff.

[11] Vgl. o. V.: Stähler, P.: Geschäftsmodelle in der digitalen Ökonomie, S. 39.

[12] Einen Überblick liefert Tamm et al., Konzepte in eCommerce-Anwendungen, S. 17.

Obwohl der Begriff eBusiness häufig gleichbedeutend zum eCommerce verwendet wird, hat sich eBusiness als Oberbegriff aller geschäftlichen Aktivitäten rund um das Internet durchgesetzt. Klassifiziert wird eBusiness in verschiedenen Standardwerken nach den beteiligten Akteuren. Eine Übersicht über die möglichen Ausprägungen liefert Abbildung 1.

Nachfrager der Leistung

		Consumer	Business	Administration
Anbieter der Leistung	Consumer	Consumer-to-Consumer	Consumer-to-Business	Consumer-to-Administration
	Business	Business-to-Consumer	Business-to-Business	Business-to-Administration
	Administration	Administration-to-Consumer	Administration-to-Business	Administration-to-Administration

Abbildung 1: Klassifikation des eBusiness nach beteiligten Akteuren[13]

Der eCommerce wird oftmals als Teilmenge des eBusiness betrachtet, die sich vor allem auf den Bereich des B-to-C und B-to-B-Bereich erstreckt.[14] Dieser Einschätzung wird auch in dieser Arbeit gefolgt, da nach ihrer Auffassung die überwiegende Mehrheit aller kommerziellen Aktivitäten in diesem Bereich stattfindet.

Gemeinsam ist vielen Definitionen, dass es sich beim eCommerce um wirtschaftliche Tätigkeiten, den Austausch von Gütern und anderen Leistungen unter Einbezug elektronischer Netze handelt. Wie eng oder weit die Eingrenzung vollzogen wird, ist abhängig vom jeweiligen Autor und dem Kontext seiner Arbeit.

In einer weiten Interpretation, die im Folgenden Anwendung findet, ist eCommerce „jede Art von wirtschaftlicher Tätigkeit auf der Basis elektronischer

---

[13] Tamm, G. et al. : Konzepte in eCommerce-Anwendungen, S. 20.

[14] Vgl. o.V. http://www.gilbert-edv.de/engineering/5/crm/glossar.htm, 09.02.2008.

Verbindungen", die im Bereich des B-to-B oder B-to-C angesiedelt ist.[15] Bewusst ausgeschlossen werden dabei innerbetriebliche Prozesse sowie Prozesse, die lediglich zur Vorbereitung der wirtschaftlichen Tätigkeit dienen.

Sie werden im Einklang mit der oben angeführten Interpretation des e-Commerce als Teilmenge des eBusiness, in den Bereich des eBusiness eingeordnet.

Somit wird eCommerce in der vorliegenden Arbeit interpretiert als wirtschaftliche Tätigkeit zur Erlöserzielung zwischen Akteuren des B-to-B- und B-to-C-Bereichs unter Verwendung des Internets oder anderer Netzwerke. Obwohl in den nachfolgenden Kapiteln die Konzentration auf Beispiele des B-to-C-Bereiches gelegt wird, ist es denkbar, die vorgestellten Modelle auch auf den Bereich B-to-B anzuwenden.

---

[15] Picot, A. et al., Die grenzenlose Unternehmung, S.34.

3 Übersicht der Geschäftsmodelle

Für eine Übersicht der Geschäftsmodelle müssen die Kriterien hierfür herausgestellt, aufgezeigt und für diese Arbeit auch eingegrenzt werden. In den folgenden Kapiteln werden zuerst die Kriterien herausgearbeitet, ein Schwerpunkt
des Geschäftsmodells vorgestellt und anschließend mit Hilfe einer Aggregation
eine Übersicht dargestellt.

3.1 Kriterien für die Klassifikation der eCommerce Ge-schäftsmodelle

Im Folgenden werden die Kriterien herausgearbeitet, die als Grundlage für die
Klassifikation der Geschäftsmodelle im eCommerce dienen sollen. Je nachdem,
aus welcher Perspektive die Geschäftsmodelle untersucht werden, können
zahlreiche komplexe Einteilungen vorgenommen werden.

Eine Typologie nur nach den beteiligten Marktteilnehmern schließt sich
aufgrund der grundsätzlichen Eingrenzung auf die Marteilnehmer B-to-C und
B-to-B aus. Für eine homogene Unterteilung eignet sich die Geschäftsmodellty-
pologie nach den vier Leistungsspektren Content, Commerce, Context, Con-
nection.[16] Nachteil der Unterteilung ist jedoch, dass viele neue Geschäftsmodelle (wie z. B. sämtliche hybride Modelle) nicht mit aufgezeigt werden können.
Eine weitere Kategorie zur Einordnung bietet die Typisierung von Business
Webs nach Tapscott in Agora, Aggregator, Integrator, Allianz und Distributor.[17]
Das Problem dieser Typisierung ist, dass hybride Geschäftsmodelle mehreren
Business Webs zugeordnet werden müssten und einige der Geschäftsmodelle
gar nicht klassifiziert würden. Andere Klassifizierungen von Geschäfts- und Er-
tragsmodellen in der Literatur sind wiederum sehr umfangreich und komplex.[18]

---

[16] Vgl Wirtz, B.: Electronic Business, S. 210ff.

[17] Vgl. Meier, A.; Stormer, H.: eBusiness & eCommerce, S. 28ff.

[18] Beispielhaft für eine komplexe Klassifizierung: Hammer, C.; Wieder, G.:
Internet- Geschäftsmodelle mit Rendite.

Um einen Überblick über die Geschäftsmodelle bzw. Ertragsmodelle zu schaffen, ist die Reduzierung der Komplexität jedoch notwendig, weshalb im Folgenden die Ertragsmodelle nach Tapscott, die eigenen Definitionen der Geschäftsmodelle und die Entwicklung einer Aggregation vorgestellt werden.

3.2 Ertragsmodelle nach Birkhofer

Wie bereits in Kapitel 2.1 erläutert, ist das Ertragsmodell eine zentrale Komponente des Geschäftsmodells, das den finanziellen Nutzen aus der Geschäftstätigkeit beschreibt. Mit der Absicht, diesen Bestandteil des Geschäftsmodells aufzuzeigen, werden im Folgenden die Ertragsmodelle dargelegt.

Grundsätzlich ist bei Ertragsmodellen zwischen direkten und indirekten Ertragsmodellen zu unterscheiden. Unter direkten Ertragsmodellen werden die Erträge, die direkt aus der Geschäftstätigkeit resultieren, subsumiert. Demgegenüber stehen die indirekten Ertragsmodelle, bei denen die finanziellen Mittel von Kapitalmärkten zur Verfügung gestellt werden.[19]

Eine Übersicht über die einzelnen Ertragsmodelle zeigt die Abbildung 2.

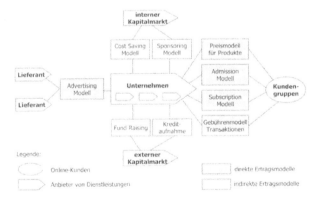

Abbildung 2: Ertragsmodelle nach Birkhofer[20]

---

[19] Vgl. Meier, A.; Stormer, H.: eBusiness & eCommerce, S. 50.
[20] ibid.

Die indirekten Ertragsmodelle sind für diese Arbeit nicht relevant, da nur die Erträge, die direkt aus der Geschäftstätigkeit resultieren, betrachtet werden. Diese sind schließlich ein Hauptmerkmal für ein gewinnbringendes Geschäftsmodell.[21]

Unter dem **Advertising Modell** werden alle Formen von Werbeflächen, die über eine frequentierte Website verkauft bzw. vermietet werden subsumiert. Für eine erfolgreiche Umsetzung dieses Ertragsmodells sind genügend Online-Kunden und eine starke Marktposition des Unternehmens nötig.

Beim **Admissions Modell** wird der Ertrag erzielt, indem der Kunde eine Eintrittsgebühr für eine Nutzung des Angebots bzw. den Zugang zu den Inhalten oder weiteren Funktionen erhält. Diese Nutzung bzw. der Zugang ist bei diesem Modell zeitlich befristet. Eine zeitliche Abgrenzung kann auch beim **Subscription Modell** zugrunde gelegt werden, allerdings handelt es sich hierbei um eine Abonnementsgebühr, die entweder periodisch oder fix abgerechnet wird. Auch hier werden Inhalte bzw. Zusatzfunktionen verkauft.

Im Gegensatz zu den beiden vorgenannten Modellen zahlt der Kunde beim **Gebührenmodell für Transaktionen** pro Transaktion eine Gebühr. Entweder richtet sich diese nach der Nutzungsdauer, nach dem Inhalt oder aber nach dem angebotenen Support. Der Kunde kann hierbei der Endkunde sein, also den Konsumenten darstellen. Aber auch ein weiteres Unternehmen kann hier den Kunden darstellen, der seine Produkte mit Hilfe des Geschäftsmodells eines anderen Unternehmens anbietet bzw. verkauft.

Das klassische Modell ist das **Preismodell für Produkte und Dienstleistungen** und bietet sich an, wenn ein Händler seine Waren über das Internet verkaufen möchte. Wie im klassischen Einzel- oder Großhandel ist der Prozess der Preisbildung elementar und muss vor Einsatz des Modells eruiert werden.

---

[21] Vgl. Meier, A.; Stormer, H.: eBusiness & eCommerce, S. 50ff. Gilt für alle Vorgestellten Ertragsmodelle.

3.3 Entwicklungen eigener Kategorien für Geschäftsmodelle

Die in der Literatur verwendeten Begriffe für Geschäftsmodelle werden nicht einheitlich verwendet, weshalb hier eigene Kategorien bzw. Begriffe definiert werden.

Beim **Mittlermodell** werden die Leistungen, entweder Waren oder Dienstleistungen, von Dritten vermittelt. Der Mittler vermittelt ausschließlich Fremdleistungen, die komplementär sein können, wie z. B. bei Reisevermittlern im Internet, die Flüge, Hotels und Mietwagen anbieten.[22] Im Gegensatz dazu, gibt es auch Mittler, die Waren oder Dienstleistungen branchenübergreifend anbieten, welche sich nicht zwingend ergänzen. Hier steht nicht das Komplementäre im Vordergrund, sondern der günstigste Preis. Zusätzlich kann der Mittler Informationen rund um das jeweilige Thema zur Verfügung stellen und manchmal auch ein Bewertungssystem für eine oder mehrere Rubriken. Der Mittler versucht also ein optimales, das günstigste Produkt, oder beides vereint zu offerieren und überwacht ggf. auch den Geschäftsabschluss.

Im Gegensatz zum Mittlermodell nimmt das **Marktplatzmodell** eine neutrale Vermittlungsfunktion ein. Hier werden Anbieter und Nachfrager erfolgreich zusammengeführt, was über Inserate oder Auktionen erfolgt. Ein bekanntes Auktionsmodell ist Ebay und ein bedeutendes Inserate-Modell Scout24.[23] Unternehmen bieten ihre Plattform somit an, damit sich Verkäufer und Käufer oder aber auch Singles, im Falle einer Partnerbörse, finden.

Unter dem **Handelsmodell** werden alle Vertriebsplattformen verstanden, die direkt vom Hersteller, Groß- oder Einzelhändler geleitet werden, kurzum die Online-Shops. Online-Shops können physische oder digitale Produkte verkaufen, wobei für letztere der Händler Lagerkosten und Kosten für Verpackung und Versand natürlich einspart. Als digitale Produkte seien die MP3-Dateien genannt.

Distanzhändler, die bereits etabliert sind und neben anderen Vertriebswegen einen Online-Shop betreiben, haben dabei das geringste Risiko in Be-

---

[22] Beispiele hierfür: www.expedia.de, www.opodo.de, 11.02.08.
[23] Vgl. www.ebay.de, www.immobilienscout24.de, 11.02.08.

zug auf das Vertrauen des Kunden, da diese bewusst den Weg des Distanzhandels wählen.[24]

Die Begriffserklärung für **Allianzen** ist nach der Definition von Business Web Allianz nach Tapscott übernommen. Die Allianzen bestehen aus Partnernetzen, die voneinander lose gekoppelt und selbst organisierend sind. Sie verfolgen eine gemeinsame Zielsetzung und je nach Bedarf erfolgt eine neue Organisation und Zusammenstellung. Alle Partner im Netzwerk beteiligen sich mit ihrem spezifischen Know-How an der Lösungsentwicklung. Jeder einzelne Partner ist gegenüber den anderen Partnern gleichberechtigt und agiert dennoch unabhängig. Ziel der Partner ist es, fehlende Kompetenzen durch die Gewinnung geeigneter Netzwerkpartner auszugleichen. Zu Allianzen gehören z. B. Open-Source-Produkte und Peer-to-Peer-Netzwerke. Bekanntes Beispiel für eine erfolgreiche Umsetzung des Allianzmodells ist die Entwicklung des Betriebsystems Linux.[25]

Der Begriff **Portal** ist ein weiterer Terminus, für den es zahlreiche Definitionen gibt.[26] Für die vorliegende Arbeit wird folgende Definition festgelegt: Bei Portalen handelt es sich um Websites, die Anwendern eine kostenlose Einstiegs- und Orientierungshilfe bieten und darüber hinaus auch weitere Dienste, wie E-Mail-Accounts, Internetspiele, Hosting, Mail-Domain, Downloads von Software und weiteres anbieten können. Ein Portal stellt beispielsweise das Unternehmen Web.de GmbH dar, die sich selbst als Internetportal verstehen, die Kommunikation und innovative Digitale Dienste anbieten. Die Web.de GmbH ist ein Unternehmen, die weitere Dienste anbieten.[27] Und auch der Suchmaschinendienst Google bietet weitere Produkte an, wie z. B. Google Mail, Blogger und Picasa.[28]

---

[24] Vgl. Hammer, C.; Wieder, G.: Internet-Geschäftsmodelle mit Rendite, S. 106.

[25] Vgl. ibid, S. 37.

[26] Vgl. Merz, M.: E-Commerce und E-Business, S. 288.

[27] Vgl. www.web.de, Rubriken: Weitere Services, Web.de Trends, FreeMail, 11.02.08.

[28] Vgl. http://www.google.de/intl/de/options/, 11.02.08.
Google Mail ist ein kostenloser Webmailservice, Blogger sind Online-Tagebücher und Picasa ist eine kostenlose Software, mit denen Fotos im Internet veröffentlicht werden können.

3.4 Aggregation von Ertragsmodellen und Geschäftsmodellen

Um den finanziellen Nutzen eines Geschäftsmodells aufzeigen zu können, ist die Zuordnung der Geschäftsmodelle zu den Ertragsmodellen erforderlich. Folgende Abbildung zeigt diese Aggregation auf:

Ertragsmodell \\ Geschäftsmodell	Advertising	Preismodell	Admission Modell	Subscription Modell	Gebührenmodell Transaktionen
Mittlermodell					X
Handelsmodell	X	X			
Allianz			X		X
Marktplatzmodell	X			X	X
Integrationsmodell		X			
Portale	X			X	

Abbildung 3: Aggregation Ertragsmodelle mit Geschäftsmodellen

Die Abbildung macht deutlich, dass das **Mittlermodell** Erträge erwirtschaftet, indem Gebühren pro getätigte Transaktion erhoben werden. Meist handelt es sich hierbei um eine Provision, die der Mittler vom Dritten, einem Händler oder Dienstleistungsanbieter erhält, sofern es zum Kauf oder zur Buchung durch den Kunden kommt. Die Provision bzw. Gebühr kann jedoch auch vom Endverbraucher bezahlt werden, je nachdem, welche Form der Unternehmer wählt. Sofern der Mittler Produkte nach Preisen vergleicht und nicht vom jeweiligen Händler Provision erhält, wird der Ertrag aus dem Advertising Modell erwirtschaftet.[29]

Beim **Handelsmodell** werden die Erträge primär aus dem Preismodell erzielt und in manchen Fällen sekundär aus Advertising erwirtschaftet. Beispiele, die ausschließlich das Preismodell anwenden, sind OTTO und Shopping24.[30] Ein ausführliches Beispiel hierfür wird in Kapitel 4 aufgezeigt.

Schwieriger dagegen ist es, die **Allianzen** einem Ertragsmodell zuzuordnen. Allianzen bilden nämlich nicht immer das typische Geschäftsmodell ab,

---

[29] Beispiel hierfür www.guenstiger.de, die mit Ihrer Unabhängigkeit werben.
[30] Vgl. www.otto.de, www.shopping24.de, 11.02.08.

das Umsätze generiert. Allianzen bedienen sich meistens des Admissions-Modells und Gebührenmodell nach getätigten Transaktionen.

Im Zuge der Entwicklung des Betriebssystems Linux wurde der Quellcode vom finnischen Studenten Linus Torvald erstellt und anfangs gab es kurzfristig auch eine Lizenz, die die kommerzielle Nutzung verbot. Später wurde Linux jedoch unter die GNU GPL gestellt.[31] Linux war somit für jeden zugänglich. Wissenschaftler, Freiberufler und Angestellte entwickelten den Quellcode weiter, stellten Erweiterungen bereit und testeten das Betriebssystem Linux, ohne dass es einen monetären Anreiz gab.[32] Erst mit dem ersten Release wurde ein Modell entwickelt, das Umsatz mit dem Open-Source-Produkt generierte: die Linux-Distributionen. Die Distributionen werden entweder in Form von fertigen CD- und DVD-Images oder mit Support-Verträgen und Handbüchern verkauft.[33]

Vertreter des **Marktplatzmodells**, bei dem das Unternehmen eine neutrale Rolle als Vermittler einnimmt, wenden meist das Advertising- und Subscription Modell an. Diese Kombination bietet sich deshalb an, weil bei vielen Unternehmen die Registrierung und die Suche nach Angeboten kostenlos sind. Meist handelt es sich hierbei aber um eine eingeschränkte Nutzungsfunktion, wie z. B. eine restriktive Suchfunktion. Um unbegrenzte Funktionen nutzen zu können, muss der user i. d. R. eine Abonnementgebühr entrichten. Oder aber es wird das Gebührenmodell benutzt, wie im Falle des Auktionsmodells Ebay. Pro Transaktion bzw. in diesem Fall pro Auktion muss eine festgelegte Gebühr entrichtet werden, die nach dem Einstellungspreis gestaffelt ist. Darüber hinaus wird eine Provision fällig, sofern die Auktion erfolgreich beendet wurde.

Portale finanzieren sich hauptsächlich durch Advertising, wie Werbebanner, Popups, Skyscraper, Content-Ad und Wallpaper. Darüber hinaus bieten viele Portale zusätzliche Dienste kostenpflichtig an, wie Premium-Mitgliedschaften, damit E-Mail-Dienste, Spiele, Webhosting etc. uneingeschränkt und komfortabel genutzt werden können.

---

[31] Vgl. http://de.wikipedia.org/wiki/Linux#Historische_Entwicklung, 11.02.08.

[32] Vgl. Hammer, C.; Wieder, G.: Internet-Geschäftsmodelle mit Rendite, S. 36.

[33] Vgl. http://de.wikipedia.org/wiki/Linux#Distributionen, 11.02.08.

4 Ausprägungen der Modelle in der Realität

Zwei ausführliche Beispiele sollen aufzeigen, dass die Modelle in der Realität sehr vielfältig sind und viele vorangestellte Modelle miteinander kombiniert.

4.1 Amazon

Wie zuvor definiert, verstehen sich die Vertreter des Handelsmodells als neutrale Vermittler zwischen Anbietern und Nachfragern. Hierzu zählen Direktvertreiber, Online-Versandhäuser und -Shops.

Ein klassischer Vertreter dieses Geschäftsmodells ist Amazon.com, der als einer der ersten Vertreter des eCommerce zu den Pionieren des Online-Handels gehört. Gegründet wurde Amazon 1994 von Jeff Bezos, der bis heute CEO des seit 1997 börsennotierten Unternehmens ist. Mit dem hehren Ziel „das kundenorientierteste Unternehmen der Welt zu sein, bei dem Kunden alles finden, was sie online kaufen wollen", startet die eigentliche Vertriebsplattform 1995 unter der Domain amazon.com und zählt heute zu den bekanntesten Online-Verkaufshäusern weltweit.[34]

Als seinerzeit führender Buchhändler der USA expandierte Amazon 1998 nach Deutschland und eröffnete zeitgleich eine Internetpräsenz in Großbritannien. In den folgenden Jahren entwickelte sich Amazon weg vom reinen Buchhändler und erweiterte seinen Angebotsumfang sukzessive auf heute 14 übergeordnete Segmente aus.[35] Das Angebot reicht dabei von Babykleidung über Haus- und Garten-Artikel bis hin zum eigenen DVD-Verleih und einer Elektro- und Foto-Sparte. Letztere Kategorie übertraf 2004 erstmals die Umsätze des traditionellen Büchergeschäfts.[36]

---

[34] Vgl. o. V.: http://www.amazon.de/gp/press/info/home, 11.02.08

[35] Vgl. o. V.: www.amazon.de, 10.02.08

[36] Vgl. o. V. : http://www.amazon.de/gp/press/pr/20041221/ref=amb_link_34363765_5?
pf_rd_m=A3JWKAKR8XB7XF&pf_rd_s=center-2&pf_rd_r
=0DCBDGMJ3A8ESFKJ8EYB&pf_rd_t=2701&pf_rd_p
=112869491&pf_rd_i=home-2004, 10.02.08

Aktuelle Zahlen beziffern die Nettoerlöse auf ca. 14,84 Milliarden $, was einer prozentualen Steigerung von 39 % zum Vorjahr entspricht. Der Nettogewinn stieg zudem im Jahr 2007 um 150 % auf nunmehr 476 Millionen $.[37] Im Einklang mit diesen Ergebnissen erzielte amazon.de 2007 ein Rekordgeschäft zu Weihnachten und verkaufte allein am 17. Dezember des Jahres mehr als 880.000 Artikel, also mehr als 10 Artikel pro Sekunde.[38] Eindrucksvoll belegen diese Zahlen den Erfolg des Online-Händlers Amazon, der nicht zuletzt auf die Innovationskraft des Unternehmens zurückzuführen ist. Neben der patentierten 1-Click® Technology, die unter Verwendung von Cookies[39] Einkäufe mit nur einem Mausklick realisierte, setzte Amazon früh auf ein Kundenbewertungssystem und Methoden des Datamining. Warenkorbanalysen werden eingesetzt, um Kunden Produkte aufgrund ihrer Einkaufshistorie oder ihrer aktuellen Produktsuche anzubieten.

Zu klären bleibt jedoch die Frage, wie Amazon seine Umsätze erzielt. Diese erzielt der Online-Händler in erster Linie traditionell durch Aufschlag einer Marge auf den Einkaufspreis oder durch eine den Händlern berechneten Provision. Verschiedene Partner-Programme tragen zur Optimierung dieser auf diesem Weg erzeugten Umsätze bei und steigern zugleich den allgemeinen Bekanntheitsgrad. Betreiber einer Website können nicht nur Links zu Amazon setzen, sondern Suchboxen oder ganze Shops in ihre Seite integrieren. Der über diese Verbindungen entstandene Umsatz fließt in einem Größenbereich von 5-10% an den Partner zurück.

Weitere Einkommensquellen für Amazon stellen die verschiedenen Verkaufsprogramme dar. Sowohl Privatanbieter wie auch gewerbliche Händler oder Hersteller können von der Popularität Amazons profitieren und Waren über die Domain absetzen.

---

[37] Vgl. o. V.: http://media.corporate-ir.net/media_files/irol/97/97664/Q407finan.pdf, 10.02.08

[38] Vgl. o. V.: http://www.amazon.de/gp/press/pr/20071226/ref=amb_link_39194065_1?pf_rd_m =A3JWKAKR8XB7XF&pf_rd_s=center-1&pf_rd_r= 193ZY2ZRHNNBVZWBZETK&pf_rd_t=2701&pf_rd_p= 168701891&pf_rd_i=home-2007, 10.02.08

[39] Der Webserver einer besuchten Website kann Informationen in Form von http-cookies hinterlegen und bei einem Wiederbesuch der Seite auslesen. Quelle: http://de.wikipedia.org/wiki/Cookie, 11.02.08.

Zu den Programmen zählen der Marketplace und die zShops[40]. Zudem können Artikel online versteigert werden. Bei allen drei Formen verlangt Amazon verschiedene Nutzungsentgelte, die allesamt dem Gebührenmodell zuzuordnen sind. So erhebt Amazon Abschlussgebühren von derzeit 1,14 € und zusätzlich eine Verkaufsgebühr, die sich nach der Kategorie des Artikels richtet und zwischen 7 und 15 % des Verkaufswertes liegt.[41] In zShops werden die Abschlussgebühren nicht fix vereinbart, sondern nach dem Verkaufswert berechnet. Wird die Transaktion über Amazon Payments abgewickelt, fallen zudem Gebühren für die Inanspruchnahme des Zahlungsdienstes an, die aus einem Fixum von 23 Cent zuzüglich eines variablen Anteils in Abhängigkeit des Warenwertes besteht.[42]

Für Labels, Hersteller und Verlage aus dem Musikbereich bietet Amazon darüber hinaus einen „Advantage"-Service an, der die Lagerung und Auslieferung der Ware durch Amazon beinhaltet. Einerseits basiert dieser zusätzliche Service auf Gebühren, andererseits aber auch auf einem Jahresbeitrag, also dem Admissionmodell.[43] Weitere Beispiele für dieses Modell sind die Programme „Power-Anbieter" und „Prime". Teilnehmer dieser Programme sichern sich durch Jahresbeiträge Vorteile, wie die Premiumlieferung (Prime) für den Mitgliedszeitraum.

Zudem erwirtschaftet Amazon Umsätze, indem es sich dem Advertisingmodell bedient. Für Werbetreibende bietet Amazon Werbeflächen auf seinen Internetseiten zur befristeten Nutzung an.

Zusammenfassend betrachtet setzt Amazon bei seinem Ertragsmodell auf einen Mix verschiedener Modelle, die in ihrer Gesamtheit für den wirtschaftlichen Erfolg des Unternehmens verantwortlich sind. Sie haben dazu beigetragen, dass das Unternehmen als einer der wenigen Pioniere das Ausscheiden vieler Wettbewerber und Schrumpfen des Marktes unbeschadet überstand. Als

---

[40] zShops und Marketplace sind weitere Plattformen zum Verkauf von gebrauchten und neuen Artikeln von gewerblichen bzw. privaten Anbietern. Quelle: www.amazon.de, 10.02.08.

[41] Vgl. o. V.: http://www.amazon.de/gp/help/customer/display.html?nodeId=3366861, 10.02.2008.

[42] Vgl. o. V.: http://www.amazon.de/gp/help/customer/display.html?ie=UTF8&nodeId=3367131, 10.02.2008.

[43] Vgl. o. V.: http://advantage.amazon.de/gp/vendor/public/discount, 11.02.2008

Jeff Bezos sein Unternehmen gründete warnte er ironischer Weise davor, dass es Jahre dauern könne, bis Amazon Gewinne abwerfen werde.[44] Damit versprach er im Gegensatz zu vielen Wettbewerbern keine astronomischen Gewinne, demonstrierte aber nachhaltig, wie wichtig ein Geschäftskonzept ist.

4.2 Expedia

Als eines der Aushängeschilder des eCommerce zählt das Reisportal Expedia, das neben der Reisevermittlung auch als Händler von Zusatzleistungen und Services rund um das Thema Reisen in Aktion tritt.

Im Verlauf dieses Kapitel soll Expedia jedoch in seiner Kernfunktion - als Vermittler von Reiseleistungen - als Beispiel für das zuvor beschriebene Mittlermodell aufgeführt werden.[45]

Gegründet wurde Expedia Inc. 1995 als Unterabteilung des Softwaregiganten Microsoft, dessen Netzwerk es ursprünglich auch zur Vermittlung der Reiseleistung nutzte, ehe es schließlich ausgegliedert wurde.[46]

Getrieben von der Vision, „to become the largest and most profitable seller of travel in the world, by helping everyone everywhere plan and purchase everything in travel", expandierte der Vorreiter des eTourismus 1999 schließlich auch nach Deutschland.[47]

Heute sieht sich das Unternehmen selbst als größtes Online-Reisebüro der Welt.[48] Zweifelsohne ist es mit einem Jahresumsatz von zurzeit 2,665 und einem Gewinn von knapp 300 Millionen $ zu den größten Vertretern des Online-Reisehandels.[49]

---

[44] Vgl. o. V.: http://de.wikipedia.org/wiki/Amazon.com, 11.02.08

[45] Vgl. o. V. : http://www.pcwelt.de/it-profi/business-ticker/588482/, 11.02.08.

[46] Vgl. o. V. : http://de.wikipedia.org/wiki/Expedia.de, 11.02.08.

[47] Vgl. o. V. : http://investors.expediainc.com/phoenix.zhtml?c=190013&p=irol-faq, 12.02.08.

[48] Vgl. o. V.: http://www.expedia.de/press/background.aspx?year=2007&nid=253, 12.02.08.

[49] Vgl. o. V. : http://investors.expediainc.com/phoenix.zhtml?c=190013&p=irol- newsArticle&ID=1105620&highlight=, 12.02.08

Als erstem Online-Reiseportal gelang es Expedia bereits 2001, schwarze Zahlen zu schreiben.[50]Und dies trotz der negativen Einflüsse, die durch die Anschläge des 11.Septembers 2001 auf die Reisebranche wirkten und eines wenig innovativen Geschäftskonzeptes.

Denn der Erfolg des Reiseveranstalters beruht zumindest zu einem großen Teil auf dem Geschäftsmodell, das auch die stationären Reisebüros über Jahre betrieben – der Vermittlung von Reiseleistungen. Dabei tritt Expedia als Agent auf, der die Leistungen – Pauschalreisen, Städtetrips etc. - von Reiseveranstaltern gegen eine Provision an Privat- und Geschäftskunden vermittelt. Auf dieser gewinnträchtigen Ausprägung des Gebührenmodells fußt gut die Hälfte der von Expedia erzielten Gewinne.[51] Während die anfängliche Skepsis gegenüber der Online-Buchung abebbt, scheinen die traditionellen Reisebüros Leidtragende dieses Erfolgs zu werden.

Weitaus mehr Umsätze werden jedoch mit Expedias „Merchant-Modell" erwirtschaftet, bei dem Expedia Produkte rund um das Thema Reisen ankauft, um schließlich selbst als Händler tätig zu werden. Dabei kann es sich um einzelne Flugverbindungen, Sightseeing-Touren, Eintrittskarten für Events und Freizeitparks, Tischreservierungen oder Reiseschutzpakete handeln.

Wie Amazon setzt auch Expedia auf verschiedene Partner-Programme zur Steigerung des Bekanntheitsgrades und der Erträge. Partner erhalten für jede über ihre Seite entstandene Buchung eine Provision, die sich nach dem Buchungsvolumen und der Kategorie der Buchung richtet. So werden Flüge mit der geringsten, Lastminute- und Pauschalreisen mit der höchsten Provision vergütet. Die Höhe der gezahlten Beträge liegt derzeit zwischen 9 € für einen Flug und 70 € für eine vermittelte Pauschal- oder Lastminute-Reise.[52]

Auch Hotels haben die Möglichkeit, sich an einem speziellen Partnerprogramm zu beteiligen.

Neben dem Gebührenmodell und dem Preismodell setzt Expedia zudem auf ein weiteres lukratives Ertragsmodell – die Werbung.

---

[50] Vgl. o. V. : http://www.expedia.de/press/background.aspx?year=2007&nid=253, 12.02.08.

[51] Vgl. o. V.: http://www.deraktionaer.de/xist4c/web/Pack--die-Badehose-ein--_id_2090__dld_5264959_.htm, 12.02.08.

[52] Vgl. o. V.: http://www.partnerprogramme-expedia.de/provisionen/, 12.02.08.

Wie viele bekannte Internetpräsenzen bietet auch Expedia seine Seite Werbekunden als Marketingplattform an und liefert Interessenten Kaufgewohnheiten, sozio-demographische Daten, mögliche Zielgruppen und Verhaltensmuster der 2,8 Millionen Nutzer.[53] Die angebotenen Werbemittel umfassen Banner und Werbeflächen in unterschiedlichen Größen und verschiedenen Umfeldern, wie der Bestätigungsseite, Layer-Ads und Werbeflächen. Zusätzlich können Werbetreibende ihre Werbung auch an den Expedia-Newsletter koppeln. Sogar handfeste Werbeunterlagen können den Reiseunterlagen beigefügt werden. So umfassend das Angebot der Werbemittel ist, so weit reicht auch das Spektrum der zu zahlenden Preise. Während eine Anzeige im Format 120x60 Pixel noch 25 € kostet, verlangt Expedia bis zu 10.000 € für eine Beilagenkampagne.

Alle drei Säulen machen Expedia heute zu einem der erfolgreichsten Reisevermittler im Internet. Wie zuvor für das Beispiel Amazon beschrieben, lässt sich auch Expedias Geschäftsmodell nicht 100%ig in das entworfene Geschäftsmodellschema (Kapitel 3) pressen. Vielmehr baut Expedia als Grundlage für seinen Erfolg auf verschiedene Geschäfts- und Ertragsmodelle.

---

[53] Vgl. o. V.: http://www.expedia.de/daily/mediadaten/default.aspx?lnkcid=hom_footer_11&lnkloc=hom, 12.02.08.

5 Fazit

Es ist festzustellen, dass die in der Literatur aufgeführten Geschäftsmodelle lediglich eine Basis darstellen. Im Laufe der letzten Jahre haben sich viele innovative Geschäftsmodelle entwickelt, die eine Adaption vollzogen, um dem Hype um das Internet gerecht zu werden.

Ein Unternehmen muss sich nicht zwingend mit innovativen Ideen am Markt beteiligen. Expedia hat sich auf Grundlage eines traditionellen Geschäftskonzeptes – der Reisevermittlung – im Internet erfolgreich etabliert. Ebenso verhält es sich mit dem Online-Buchhändler Amazon, der den althergebrachten Buchhandel nur in einem wesentlichen Punkt erweiterte. Amazon bietet mehr Bücher an, als jeder herkömmliche Buchhändler es jemals vermag.

Entscheidend für den Erfolg eines Unternehmens im eCommerce ist nicht die Innovativität seines Geschäftsmodells, sondern die Tatsache überhaupt ein Geschäftsmodell zu verwenden. Unternehmen, die sich ohne jegliches Geschäftsmodell im Internet etablieren wollen, haben kaum Chancen auf Erfolg. Von besonderer Bedeutung im Rahmen des Geschäftsmodells ist das Ertragsmodell, dass eCommerce-Unternehmen überhaupt erst in die Lage versetzt, aus ihrer Popularität einen wirtschaftlichen Erfolg zu erzielen.

Letztendlich wird es nie ein Patentrezept dafür geben, welche Geschäftsmodelle für welche Branche oder Art des Unternehmens geeignet sind. Es können schließlich auch verschiedene Geschäftsmodelle kombiniert werden, wie es Amazon gemacht hat. Die in dieser Hausarbeit vorgestellten Geschäftsmodelle müssen nicht isoliert eingesetzt werden. Es hat sich gezeigt, dass die Geschäftsmodelle in der Praxis miteinander kombiniert werden.

Mit dem Web 2.0 werden sich sicherlich auch neue Geschäftsmodelle entwickeln, denn schließlich ist das gesamte Potential des Internets in Bezug auf eCommerce noch lange nicht ausgeschöpft.

Schrifttumsverzeichnis

Eriksson, Hans-Erik; Penker, Magnus:

Business Modelling with UML: Business Patterns at Work, Wiley Computer Publishing, New York 2000.

Gfaller, Hermann:

Google kauft Youtube: Kommt die Dotcom-Blase 2.0?
http://www.zdnet.de/itmanager/kommentare/0,39023450,39148063,00.htm,
Erscheinungsdatum: 17.10.06, Lesedatum: 11.02.08.

Hammer, Christoph; Wieder, Gerald:

Internet- Geschäftsmodelle mit Rendite, Galileo Business, 2003.

Hohberger, Peter:

Vorlesung AWI eCommerce Teil 1 und Teil 2, 1. Grundlagen.

Meier, Andreas; Stormer, Henrik:

eBusiness & eCommerce – Management der digitalen Wertschöpfungskette, Springer-Verlag, 2005.

Merz, Michael:

E-Commerce und E-Business, dpunkt.verlag, Heidelberg 2002.

Scheer, Christian; Deelmann, Thomas; Loos, Peter:

Paper 12 Geschäftsmodelle und internetbasierte Geschäftsmodelle – Begriffsbestimmung und Teilnehmermodell, Johannes Gutenberg Universität Mainz, 2003.
http://isym.bwl.uni-mainz.de/publikationen/isym013.pdf,
Lesedatum: 06.02.08.

Stähler, Patrick:

Geschäftsmodelle in der digitalen Ökonomie, Josef Eul Verlag GmbH, Lohmar 2002.

Timmers, Paul:

Business Models for Electronic Markets in: International Journal of Electronic Commerce & Business Media, Vol. 8, Nr. 2.

o. V.:

Anzeigentext von Pandesic, Wired Nr. 2/1998.

o. V.:

http://www.gilbert-edv.de/engineering/5/crm/glossar.htm, Lesedatum: 09.02.2008.

o. V.: Amazon EU S.a.r.l. / Amazon Services Europe S.a.r.l. (Hrsg.)

http://www.amazon.de/gp/press/pr/20041221/ref=amb_link_34363765_5? pf_rd_m=A3JWKAKR8XB7XF&pf_rd_s=center-2&pf_rd_r =0DCBDGMJ3A8ESFKJ8EYB&pf_rd_t=2701&pf_rd_p =112869491&pf_rd_i=home-2004, http://media.corporate-ir.net/media_files/irol/97/97664/Q407finan.pdf, http://www.amazon.de/gp/press/pr/20071226/ref=amb_link_39194065 _1?pf_rd_m=A3JWKAKR8XB7XF&pf_rd_s=center-1&pf_rd_r= 193ZY2ZRHNNBVZWBZETK&pf_rd_t=2701&pf_rd_p= 168701891&pf_rd_i=home-2007, Lesedatum: 10.02.08; http://www.amazon.de/gp/press/info/home, Lesedatum: 11.02.08. http://advantage.amazon.de/gp/vendor/public/discount, Lesedatum: 11.02.08. http://www.amazon.de/gp/help/customer/display.html?ie= UTF8&nodeId=3367131, Lesedatum: 10.02.08. http://www.amazon.de/gp/help/customer/display.html?nodeId=3366861, Lesedatum: 10.02.08.

o. V.: Börsenmedien AG (Hrsg.)

http://www.deraktionaer.de/xist4c/web/Pack--die-Badehose-ein-- _id_2090__dld_5264959_.htm,

o. V.: Ebay (Hrsg.)

www.ebay.de, Lesedatum: 11.02.08.

o. V.: Expedia Inc. (Hrsg.)

www.expedia.de, Lesedatum: 11.02.08.

http://www.expedia.de/press/background.aspx?year=2007&nid=253, Lesedatum: 12.02.08.

http://www.expedia.de/press/background.aspx?year=2007&nid=253, 12.02.08.

http://investors.expediainc.com/phoenix.zhtml?c=190013&p=irol-faq, Lesedatum: 12.02.08.

http://investors.expediainc.com/phoenix.zhtml?c=190013&p=irol-newsArticle&ID=1105620&highlight=, Lesedatum: 12.02.08.

http://www.partnerprogramme-expedia.de/provisionen/, 12.02.08.

http://www.expedia.de/daily/mediadaten/default.aspx?lnkcid=hom_footer_11&lnkloc=hom, 12.02.08.

o. V.: HSID Verlagsgesellschaft mbH (Hrsg.)

www.guenstiger.de, Lesedatum: 11.02.08.

o. V.: IDG Magazine Media GmbH (Hrsg.)

http://www.pcwelt.de/it-profi/business-ticker/588482/, Lesedatum: 11.02.08.

o. V.: Immobilien Scout GmbH (Hrsg.)

www.immobilienscout24.de, Lesedatum: 11.02.08.

o. V. : Investopedia (Hrsg.)

Crashes: The Dotcom Crash,

http://www.investopedia.com/features/crashes/crashes8.asp, Lesedatum: 12.02.08.

o. V.: Opodo Ltd (Hrsg.)

www.opodo.de, Lesedatum: 11.02.08.

o. V.: Otto GmbH & Co KG (Hrsg.)

www.otto.de, Lesedatum: 11.02.08.

o. V.: shopping24 Gesellschaft für multimediale Anwendung mbH (Hrsg.)

www.shopping24.de, Lesedatum: 11.02.08.

o. V.: Web.de GmbH

www.web.de, Lesedatum: 11.02.08.

o. V.: Wikimedia Foundation Inc. (Hrsg.)

http://de.wikipedia.org/wiki/Linux#Historische_Entwicklung, Lesedatum: 11.02.08.

http://de.wikipedia.org/wiki/Linux#Distributionen, Lesedatum: 11.02.08.

http://de.wikipedia.org/wiki/Cookie, Lesedatum: 11.02.08.

http://de.wikipedia.org/wiki/Amazon.com, Lesedatum: 11.02.08.

http://de.wikipedia.org/wiki/Expedia.de, Lesedatum: 11.02.08

Tamm, Gerrit et al.:

Konzepte in eCommerce-Anwendungen, SPC TEIA Lehrbuch Verlag, Berlin 2003.

Picot, Arnold et al.:

Die grenzenlose Unternehmung: Information, Organisation und Management, Gabler Verlag, Wiesbaden 1998.

Wirtz, Bernd:

Electronic Business, Gabler Verlag, Wiesbaden 2001.